AF359842

LES FESTES
DE L'AMOUR
ET
DE BACCHUS.

PASTORALE.

PRECEDE'E

DE LA GROTTE
DE VERSAILLES.

REPRESENTE'ES
PAR L'ACADEMIE ROYALE DE MUSIQUE.

On les vend,

A PARIS,

A l'entrée de la Porte de l'Academie Royale de Musique,
Au Palais Royal, ruë Saint Honoré.
Imprimées aux dépens de ladite Academie,
Par CHRISTOPHE BALLARD, seul Imprimeur du Roy
pour la Musique.

M. DC. XCVI.

AVEC PRIVILEGE DU ROY.

PROLOGUE.

Le Theatre reprefente la Grotte de Ver-
failles, où vient une Troupe de Bergers
qui joüent de divers Inftruments, pour y
faire un Concert à leur mode.

Recit chanté par deux Bergers.

SILVANDRE.

Llons, Bergers, entrons dans cet heureux
  fejour,
 Tout y paroift charmant, LOUIS eft de
 retour,
  Il fort des bras de la Victoire,
  Et vient raffembler à leur tour
Les plaifirs égarez dans ces bois d'alentour.

CORIDON.

Il fe plaift en ces lieux à perdre la memoire,
  De la grandeur qui brille dans fa Cour :
   Ceffons de parler de fa gloire,
Il n'eft permis icy de parler que d'amour.

Les deux Bergers difent enfemble ces deux derniers Vers,
& le Chœur les repete.

Chanson chantée par LICAS, & repetée par le Chœur.

Dans ces charmantes retraites,
Accordons nos Chalumeaux,
Nos Pipeaux,
Nos Musettes
Au ramage des Oiseaux,
Et chantons nos amourettes
Au doux murmure des eaux.

Autre Chanson chantée par deux Bergeres, à qui deux Flûtes répondent.

Goûtons bien les plaisirs, Bergere,
Le temps ne dure pas toûjours,
La moisson la plus chere
Est celle des amours,
Elle ne se peut faire
Qu'au printemps de nos jours.

Dialogue chanté par deux Bergers.

MENALQUE.
Sortons de ces deserts, détournons-en nos pas.
CORIDON.
Pourquoy quitter si-tost ces endroits pleins de charmes ?
MENALQUE.
L'Amour est dans ces lieux avec tous ses appas.
CORIDON.
Ah ! qu'il est doux icy de luy rendre les armes,
Où pourrions-nous aller où l'amour ne fût pas ?
ENSEMBLE.
Où pourrions-nous aller où l'amour ne fût pas ?

LES DEUX BERGERS ENSEMBLE.

Voyons tous deux en aimant,
Qui de nous sçaura prendre
L'ardeur la plus tendre :
Et la garder plus constamment ;
Ne craignons point le tourment
Qu'un cœur amoureux doit attendre,
C'est un mal trop charmant
Pour s'en deffendre.

D A P H N I S chante seul, & les Chœurs répondent.

Venez prés de ces Fontaines,
Venez Nymphes qui chassez,
Cessez de courir les plaines
Avec des soins empressez,
Venez icy prendre
Des plaisirs charmants ;
Venez nous entendre,
Dansez à nos chants.

Les Rossignols mêlent leur Concert à celuy de plusieurs
Instruments à leur mode, & les Bergers leur
répondent par cette Chansonnette.

IRIS ET CALISTE.

Les Oyseaux vivent sans contrainte,
S'engagent sans crainte,
Leurs nœuds sont doux :
Tout leur rit, tout cherche à leur plaire,
Nous devons en estre jaloux,
La raison ne nous sert de guére,

En amour ils font tous
Moins beftes que nous.

Autre Chanfon chantée par IRIS.

Dans ces deferts paifibles,
Rochers, que vôtre fort eft doux !
Vous eftes infenfibles ,
Trop heureux qui l'eft comme vous ?

2. Couplet.

D'une rigueur extrême
Mon cœur fent les plus rudes coups ,
L'infenfible que j'ayme
Eft cent fois plus Rocher que vous.

IRIS continuë à fe plaindre, & en élevant fa voix & la tournant du côté de l'Echo, l'oblige enfin à luy répondre.

IRIS & L'ECHO.

Depuis que l'on foûpire
Sous l'amoureux empire ,
Depuis que l'on foûpire
Sous l'amoureufe loy :
Helas ! qui fut jamais plus à plaindre que moy.

L'ECHO.

Moy.

IRIS.

Helas !

L'ECHO.

Helas !

IRIS.

Qui fut jamais plus à plaindre que moy!

L'ECHO.

Qui fut jamais plus à plaindre que moy!

IRIS.

Quelle voix vient icy se plaindre?

L'ECHO.

Quelle voix vient icy se plaindre?

IRIS.

N'en doutons plus, ce sont les Echos d'alentour.

L'ECHO.

Ce sont les Echos d'alentour.

IRIS.

Jusqu'au cœur des rochers de ce charmant séjour,
Leur plainte nous apprend que l'amour est à craindre.

L'ECHO.

Que l'amour est à craindre.

Le Chœur des Bergers accompagné de tous les Instruments, du chant des Rossignols, & des repetitions des Echos, acheve de chanter les Vers suivans.

Chantons tous en ce jour,
Redisons tour à tour,
Que le chant des Oyseaux nous seconde,
Que l'Echo nous réponde :
Chantons en ce jour,
Chantons qu'il n'est rien dans le monde
Qui soit insensible à l'amour.

Fin de la Grotte de Versailles.

ACTEURS qui chantent dans la Pastorale.

TIRCIS. *Berger amoureux de Caliste.*
LICASTE.
MENANDRE. } *Bergers amis de Tircis.*
CALISTE. *Bergere aimée de Tircis.*
CLIMENE. *Bergere aimée de Damon.*
FLORESTAN.
SILVANDRE. } *Satires, amants de Caliste.*
TROIS SORCIERES.
DAMON. *Berger amoureux de Climene.*
CLORIS.
SILVIE. } *Bergeres, Compagnes de Caliste & de Climene.*
AMINTE.
ARCAS. *Berger qui vient inviter d'aller à la Feste de l'Amour.*
TROUPE *de Bergers & de Bergeres qui chantent dans le Chœur de l'Amour.*
TROUPE *de Satires & de Bacchantes qui chantent dans le Chœur de Bachus.*
TROUPE *de Pasteurs joüants des Instruments dans le Chœur de l'Amour.*
TROUPE *de Silvains joüants des Instruments dans le Chœur de Bacchus.*

PERSONNAGES *dançants dans la Pastorale.*
Quatre Faunes.   *Quatre Driades.*
Deux Magiciens.   *Six Demons.*
Quatre Bergers.   *Quatre Bergeres.*
Quatre Satires.   *Quatre Bacchantes.*

PERSONNAGES *des Machines.*
SEPT DEMONS *volants.*
DEUX SIRENES.
UNE SORCIERE *volante.*
UN LUTIN *volant.*

La Scene de la Pastorale est en Arcadie.

LES FESTES
DE L'AMOUR
ET
DE BACCHUS.
PASTORALE.

LA Muse Polymnie qui preside aux Arts dépendants de la Geometrie, & qui a trouvé l'invention d'introduire sur le Theatre des Personnages qui expriment par les actions & par les dances ce que les autres expliquent par les paroles, s'avance environnée d'un nuage qui paroift d'abord fermé, & qui s'ouvrant peu à peu découvre la Muse au milieu de plufieurs ornements de Peinture & d'Architecture. Elle excite ceux qui ont commencé de chanter à redoubler leur application & à rechercher avec foin tout ce que l'on peut trouver de plus noble & de plus delicat dans le Chant.

Machine de Polym-nie.

POLYMNIE.

Eslevez vos Concerts
Au deffus du chant ordinaire;
Songez que vous avez à plaire
Au plus grand ROY de l'Univers.

Le

Le grand Titre de ROY n'eſt que ſa moindre
    gloire,
Il eſt encor plus grand par ſes Travaux Guer-
    riers;
Et ſa propre Valeur a cüeilly les Lauriers
Dont il eſt couronné des mains de la Victoire.

    Suivez la noble ardeur
      Qu'il Vous inſpire;
    Tout ce qu'on void dans ſon Empire
    Se doit ſentir de ſa grandeur.

MElpomene qui preſide à la Tragedie, & Euterpe qui a inventé l'Armonie paſtorale s'avancent ſur deux nuages. Melpomene paroiſt au milieu de pluſieurs Trophées d'armes; & Euterpe environnée de Feſtons & de Couronnes de fleurs. Elles ſont precedées de deux Symphonies oppoſées, dont l'une eſt tres-forte & l'autre extrémement douce, & qui forment une eſpece de combat, tandis que les deux Muſes viennent ſe placer aux deux côtez de Polymnie pour la prier d'embellir les Divertiſſemens qu'Elles veulent preparer.

Machines de Melpomene & d'Euterpe.

B

MELPOMENE.

Joignez à mes chants magnifiques
La pompe de vos ornemens ;

EUTERPE.

Joignez à mes concers rustiques
Vos agrémens
Les plus charmants.

MELPOMENE.

Vostre secours m'est necessaire,
Je cherche à divertir le plus Auguste Roy
Qui meritât jamais de tenir sous sa Loy
Tout ce que le Soleil éclaire.

LES DEUX MUSES ENSEMBLE.

C'est à moy, C'est à moy,
De pretendre à luy plaire.

MELPOMENE.

C'est moy dont la voix éclattante
A droit de celebrer les Exploits les plus grands ;
Les nobles recits que je chante
Sont les plus dignes jeux des fameux Conque-
rans.

EUTERPE.

C'est un doux amusement
Que d'aimables chansonnettes ;
Les douceurs n'en sont pas faites
Pour les Bergers seulement.

II

Les tendres amourettes
Que l'on chante à l'ombre des Bois
   Sur les Musettes
Ne sont pas quelquefois
Des jeux indignes des grands Roys.

POLYMNIE.

Il faut entre mes sœurs que mon soin se partage:
Preparez tour à tour vos plus aimables jeux;
   Pour vous accorder je m'engage
   A vous seconder toutes deux.

EUTERPE.

Commencez de répondre à mon impatience.

MELPOMENE.

Vos premiers soins sont dûs à ce que j'entreprens.

POLYMNIE.

   Terminez tous vos differents.
Souffrez qu'en sa faveur aujourd'huy je com-
mence,
Je reserve pour vous mes travaux les plus
grands.

   Les trois Muses ensemble.
   Que nostre accord est doux ?
Que tout ce qui nous suit s'accorde comme nous.

Polymnie
dit ces
deux Vers
à Melpo-
mene.

DEs Heros, des Paftres, & des Ouvriers des Arts qui fervent aux Spectacles, obeiffent aux ordres des Mufes. Les Heros font une maniere de Combat avec leurs armes, les Paftres joüent avec leurs baftons, les Ouvriers travaillent aux Decorations de la Paftorale que l'on prepare, & accordent le bruit de leurs Marteaux, Scies & Rabots, avec l'armonie des Violons & des Hautboits, & tous enfemble forment la feconde Entrée.

SECONDE ENTREE.

Quatre Heros. Quatre Paftres, & quatre Ouvriers.

TOute la Troupe qui avoit commencé de chanter d'une maniere comique avant l'arrivée des trois Mufes, fe fentant animée par leur prefence, répond à leurs chants par des Chœurs.

Les trois Muſes enſemble.

Joignons nos ſoins & nos voix
Pour plaire au plus grand des Roys.

Les Chœurs repetent.

Joignons nos ſoins & nos voix
Pour plaire au plus grand des Roys.

MELPOMENE.

Chantons la gloire de ſes Armes.

Un Chœur repete le meſme Vers.

EUTERPE.

Chantons la douceur de ſes Loix.

Un Chœur repete le meſme Vers.

POLYMNIE.

Faiſons tout retentir du bruit de ſes Exploits.

Tous les Chœurs répondent.

MELPOMENE.

Formons des concers pleins de charmes.

EUTERPE.

Faiſons entendre nos Hautbois.

L Es Hautbois & les Muſettes répondent,
& cependant les Heros & les Paſtres ren-
trent ſur le Theatre avec les Ouvriers qui ap-
portent des ornemens qu'ils ont faits pour
ſervir à la Piece qui va commencer , & au-
tour deſquels les Heros & les Paſtres dan-

cent, tandis que les Mufes & tous les Chœurs continuënt leurs chants. Ce qui forme un jeu concerté des Mufes qui chantent dans leurs Machines au milieu des Nuages, de la Troupe qui leur répond, placée dans des Balcons, & des Heros, Paftres, & Ouvriers, qui dancent fur le Theatre.

Tous enfemble.
Faifons tout retentir du bruit de fes Exploits.

POLYMNIE. ·
Preparons des Feftes nouvelles.

MELPOMENE.
Que nos Chanfons foient immortelles.

EUTERPE.
Que nos airs foient doux & touchants.

TOUS ENSEMBLE.
Meflons aux plus aimables Chants
Les Dances les plus belles.
Joignons nos foins & nos voix.
Pour plaire au plus grand des Roys.

Fin du Prologue.

ACTE PREMIER.

E Theatre change & reprefente une épaiffe Foreft, où des chûtes d'eaux coulent entre les Arbres : On void dans l'enfoncement deux Montagnes feparées par une belle Valée où une Riviere tombe par diverfes Cafcades qui produifent plufieurs effets agreables & differents.

Le Theatre eft une Foreft.

SCENE PREMIERE.
TIRCIS.

Vous chantez fous ces feüillages,
Doux Roffignols pleins d'amour,
Et de vos tendres ramages
Vous réveillez tour à tour
Les échos de ces bocages :
Helas ! petits oyfeaux, helas !
Si vous aviez mes maux vous ne châteriez pas.

SCENE DEUXIESME.

LICASTE, MENANDRE, TIRCIS.

LICASTE.

H*É quoy, toûjours languiſſant, ſombre, & triſte ?*

MENANDRE.

Hé quoy, toûjours aux pleurs abandonné ?

TIRCIS.

*Toûjours adorant Caliſte ,
Et toûjours infortuné.*

LICASTE.

Domte, domte, Berger, l'ennuy qui te poſſede.

TIRCIS.

Et le moyen, helas !

MENANDRE.

Fay, Fais-toy quelque effort.

TIRCIS.

Eh le moyen, helas ! quand le mal eſt ſi fort ?

LICASTE.

Ce mal trouvera ſon remede.

TIRCIS.

Je ne gueriray qu'à ma mort.

Licaſte, & Menandre enſemble.

Ah Tircis !

TIRCIS.

TIRCIS.

Ah Bergers!

LICASTE, ET MENANDRE.

Pren ſur toy plus d'empire.

TIRCIS.

Rien ne me peut plus ſecourir.

LICASTE, ET MENANDRE.

C'eſt trop, c'eſt trop ceder.

TIRCIS.

C'eſt trop, c'eſt trop ſouffrir.

LICASTE, ET MENANDRE.

Quelle foibleſſe!

TIRCIS.

Quel martyre!

LICASTE, ET MENANDRE.

Il faut prendre courage.

TIRCIS.

Il faut plûtoſt mourir.

LICASTE.

Il n'eſt point de Bergere
Si froide, & ſi ſevere,
Dont la preſſante ardeur
D'un cœur qui perſevere
Ne vainque la froideur.

C

MENANDRE.

Il est dans les affaires
Des amoureux mysteres,
Certains petits moments
Qui changent les plus Fieres,
Et font d'heureux Amants.

TIRCIS.

Je la voy, la Cruelle,
Qui porte icy ses pas,
Gardons d'estre veu d'elle,
L'Ingrate, helas!
N'y viendroit pas.

SCENE TROISIESME.

CLIMENE. CALISTE.

CLIMENE.

Vien dans nostre Village:
Voicy le Jour
Qu'on y doit celebrer la Feste de l'Amour.
Que cherche-tu dans ce boccage?

CALISTE.

Je cherche le repos, le silence, & l'ombrage.

CLIMENE.

Tu devrois bien plûtost songer
A t'engager.
Eh que peut faire
Une Bergere
Sans un Berger ?

CALISTE.

Ton malheur doit me rendre sage :
Tu n'as choisi qu'un Inconstant.

CLIMENE.

Si mon Berger devient volage,
Il m'est permis d'en faire autant.

ON gouste la douceur d'une amour eternelle,
Quand on fait l'heureux choix d'un fidele
Berger,
Et quand on aime un Infideïle ,
L'on a le plaisir de changer.

Quoy, l'amour de Tircis ne t'a point attendrie?
Lors qu'on en veut parler tu n'écoutes jamais ?
Ne resve plus, ou je m'en vais.

CALISTE.

Laiße-moy dans ma resverie.
Ah ! que sous ce feüillage épais
Il est doux de resver en paix !

CLIMENE.

Je n'entre point dans un mystere
Que tu veux reserver;
Mais un cœur sans affaire
Ne donne point tant à resver.

SCENE QUATRIESME.

CALISTE.

AH ! que sur nostre cœur
La severe Loy de l'honneur
Prend un cruel empire!
Je ne fais voir que rigueurs pour Tircis,
Et cependant sensible à ses cuisans soucis,
De sa langueur en secret je soupire,
Et voudrois bien soulager son martire;
C'est à vous seuls que je le dis,
Arbres, n'allez pas le redire.

Puis que le Ciel a voulu nous former
Avec un cœur qu'Amour peut enflamer,
Quelle rigueur impitoyable
Contre des traits si doux nous force à nous armer?
Et pourquoy sans estre blâmable
Ne peut-on pas aimer
Ce que l'on trouve aimable?

Helas! petits oyseaux que vous estes heureux
De ne sentir nulle contrainte,
Et de pouvoir suivre sans crainte
Les doux emportements de vos cœurs amoureux!
Mais le sommeil sur ma paupiere

Verse de ses pavots l'agreable fraischeur,
Donnons-nous à luy toute entiere,
Nous n'avons point de loy severe
Qui défende à nos sens d'en goûter la douceur.

La Bergere Caliste s'endort sur un Gazon.

SCENE CINQUIESME.

TIRCIS. LICASTE. MENANDRE. CALISTE.

TIRCIS.

Vers ma belle Ennemie
Portons sans bruit nos pas,
Et ne réveillons pas
Sa rigueur endormie.

TOUS TROIS.

Dormez, dormez, beaux yeux adorables vain-
queurs,
Et goûtez le repos que vous ostez aux cœurs.

TIRCIS.

Silence petits oyseaux,
Vents n'agitez nulle chose;
Coulez doucement ruisseaux,
C'est Caliste qui repose.

TOUS TROIS.

Dormez, dormez beaux yeux, &c.

CALISTE s'éveillant.

Ah ! quelle peine extrême !
Suivre par tout mes pas ?

TIRCIS.

Que voulez-vous qu'on suive, helas !
Qu'est-ce qu'on aime.

CALISTE.

Berger, que voulez-vous ?

TIRCIS.

Mourir belle Bergere,
Mourir à vos genoux,
Et finir ma misere,
Puis qu'en vain à vos pieds on me void soûpirer,
Il y faut expirer.

CALISTE.

Ah ! Tircis, ostez-vous, j'ay peur que dans ce
jour
La pitié dans mon cœur n'introduise l'amour.

LICASTE, ET MENANDRE.

Soit amour, soit pitié,
Il sied bien d'estre tendre;
C'est par trop vous défendre,
Bergere, il faut se rendre
A sa longue amitié,
Soit amour, soit pitié,
Il sied bien d'estre tendre.

CALISTE.

C'est trop, c'est trop de rigueur
J'ay mal-traité vostre ardeur
Cherissant vostre personne,
Vangez-vous de mon cœur
Tircis, je vous le donne.

TIRCIS.

O Ciel! Bergers! Caliste! ah je suis hors de moy!
Si l'on meurt de plaisir je doy perdre la vie.

LICASTE.

Digne prix de ta foy!

MENANDRE.

O! fort digne d'envie!

SCENE SIXIESME.

FORESTAN, SILVANDRE, CALISTE, TIRCIS,

LICASTE, MENANDRE.

FORESTAN.

*Q*Uoy tu me fuis, Ingrate, & Ie te vois icy
De ce Berger à moy faire une preference?

SILVANDRE.

Quoy, mes soins n'ont rien pû sur ton indiffe-
rence,
Et pour ce Langoureux ton cœur s'est adoucy?

CALISTE.

Le Destin le veut ainsi,
Prenez tous deux patience.

FORESTAN.

Aux Amants qu'on pousse à bout
L'Amour fait verser des larmes ;
Mais ce n'est pas nostre goût,
Et la bouteille a des charmes
Qui nous consolent de tout.

SILVANDRE.

Nostre amour n'a pas toûjours.

Tout

Tout le bonheur qu'il desire :
Mais nous avons un secours,
Et le bon vin nous fait rire
Quand on rit de nos amours.

TOUS.

Champestres Divinitez,
Faunes, Driades, sortez
De vos paisibles retraites ;
Meslez vos pas à nos sons,
Et tracez sur les herbettes
L'image de nos chansons.

Quatre Faunes sortent avec de petits Tambours, & quatre Driades avec des Festons de fleurs. Ils forment ensemble une Entrée qui finit le premier Acte.

TROISIE'ME ENTRE'E.

Quatre Faunes, quatre Driades.

Fin du premier Acte.

D

ACTE SECOND.

LE Theatre change & repreſente un vieux Chaſteau qui eſtoit autrefois la demeure des Seigneurs du prochain Village, & qui tombe entierement en ruines. On y void en pluſieurs endroits des Arbres & des Ronces, & dans l'enfoncement au travers d'une Arcade à demy rompuë, on découvre les veſtiges de trois grandes Allées de Cyprés à perte de veuë.

SCENE PREMIERE.

FORESTAN.

JE ne puis ſouffrir l'outrage
Que Caliſte fait à ma foy:
Dans le fonds de mon cœur j'enrage
Qu'elle ayme un Autre que moy.

Deux Enchanteurs m'ont fait entendre
Qu'ils ont le secret de me rendre
Tel qu'il faut estre pour charmer :
Caliste aura beau s'en défendre,
Je la contraindray de m'aymer.

SCENE DEUXIE'ME.

FORESTAN, DEUX MAGICIENS, TROIS SORCIERES, SIX DEMONS QUI DANCENT, ET SEPT AUTRES DEMONS VOLANTS.

C'Est dans cette Scene que des Lutins déguisez font une Ceremonie magique pour feindre d'embellir Forestan, & pour se mocquer de luy. Deux Magiciens paroissent chacun une baguette à la main, ils frappent la Terre en dançant, & en font sortir six Demons qui se joignent avec eux. Trois Sorcieres sortent aussi de dessous terre, & faisant asseoir Forestan au milieu d'Elles, meslent leurs chants aux dances des Magiciens & des Demons, pour former une maniere d'enchantement.

D ij

QUATRIE'ME ENTRE'E.

DEUX MAGICIENS, SIX DEMONS.

LES TROIS SORCIERES ENSEMBLE.

D*Eeße des appas*
Ne nous refuſe pas
La grace qu'implorent nos bouches;
Nous t'en prions par tes rubans,
Par tes boucles de Diamans,
Ton rouge, ta poudre, tes mouches,
Ton maſque, ta coëffe, & tes gans.

UNE SORCIERE SEULE.

O Toy ? qui peux rendre agreables
Les viſages les plus mal-faits,
Répans, Venus, de tes attraits
Deux ou trois dozes charitables
Sur ce muzeau tondu tout frais.

LES TROIS SORCIERES ENSEMBLE.

Deeſſe des appas, &c.

Les Demons habillent Foreſtan d'une maniere bizare & ridicule, & tandis que les Magiciens & Demons dancent, les trois Sorcieres chantent.

Ah qu'il eſt beau
Le Jouvenceau ,.
Ah qu'il eſt beau.
Qu'il va faire mourir de belles :
Auprés de luy les plus cruelles
Ne pourront tenir dans leur peau.
Ah qu'il eſt beau
Le Jouvenceau ,
Ah qu'il eſt beau !
Ho , ho , ho , ho , ho , ho ,

Qu'il eſt joli !
Gentil , poli !
Qu'il eſt joli !
Eſt-il des yeux qu'il ne raviſſe ?
Il paſſe en beauté feu Narciſſe
Qui fut un Blondin accomply.
Qu'il eſt joli !
Gentil , poli !
Qu'il eſt joli !
Hi , hi , hi , hi , hi , hi.

LEs trois Sorcieres qui chantent s'en-
foncent dans la Terre , les deux Magiciens & les ſix Demons qui dancent diſpa-
roiſſent , & dans le meſme temps quatre De-

mons qui partent de quatre coſtez differens, croiſent dans l'air , & trois autres petits De-mons qui ſortent de terre , & qui tous trois enſemble s'élevent en rond , apres avoir fait trois tours en volant, ſe vont perdre dans les Nuages au milieu du Theatre.

SCENE TROISIE'ME.

FORESTAN.

Q *U'un beau Viſage*
A d'avantage!
Tout luy rit , tout luy fait la cour.
Que l'on verra dans ce Boccage
De Bergeres mourir d'amour,
Et de Bergers crever de rage!

SCENE QUATRIE'ME.

SILVANDRE, FORESTAN.

SILVANDRE.

F *Oreſtan ? eſt-tu là ?*

FORESTAN.

Beau comme je dois eſtre
Il va me voir ſans me conneſtre.

SILVANDRE.

O! Foreſtan ? ah! te voila.
Pourquoy t'amuſer de la ſorte ?

FORESTAN.

Qu'importe, qu'importe.

SILVANDRE.

Hé quoy ! ne veux-tu pas aller
Où nous devons nous aſſembler?
Ton impatience eſt peu forte.

FORESTAN.

Qu'importe, qu'importe.

SILVANDRE.

Veux-tu ſouffrir en ce jour
Que le foible Dieu d'amour
Sur le Dieu du vin l'emporte ?

FORESTAN.

Qu'importe , qu'importe.

SILVANDRE.

Allons; c'eſt trop railler.

FORESTAN.

A qui crois-tu parler ?

SILVANDRE.

Quel badinage !
Tu n'es pas sage ;
La Feſte de Bachus commencera bien-toſt.
Allons , ſans tarder davantage ,
Allons-y boire comme il faut.

Foreſtan affecte de faire l'agreable, & quitte ſon ton naturel de baſſe pour chanter en fauſſet.

FORESTAN.

Il eſt bien doux de boire ;
On peut en faire gloire.
Quand on n'a pas dequoy charmer ;
Bachus ſçait conſoler un Amant miſerable ;
Mais quand on eſt aymable ,
Il n'eſt rien ſi doux que d'aymer.

SILVANDRE.

Que veux-tu dire ?
D'où vient ce caprice nouveau ?

FORESTAN.

Regarde, conſidere, admire.
Ah qu'il eſt beau !
Ho, ho, ho, ho, ho, ho.
Ah qu'il eſt beau.

SILVANDRE.

SILVANDRE.

Dy-moy donc je te prie
De quelle folle resverie
Ton cerveau s'est remply?

FORESTAN.

Qu'il est joli!
Hi, hi, hi, hi, hi, hi,

SILVANDRE.

Consulte la Fontaine
La plus prochaine,
Mire-toy dans son eau.

Forestan s'approche d'une Fontaine qui
paroist au milieu du Theatre, & dans le moment qu'il se baisse pour se regarder dans
l'eau, il en sort deux Sirenes qui luy presentent un grand miroir. Forestan s'y void aussi laid qu'il estoit avant la ceremonie magique, & dans la rage qu'il a de la tromperie
qu'on luy a faite, il veut frapper de sa Massuë les deux Sirenes qui se mocquent de luy,
mais Elles évitent ses coups, en se plongeant
& se perdant dans la Fontaine, qui disparoist
en un moment.

SILVANDRE.

Ah qu'il est beau! ho, ho, ho, &c.

E

FORESTAN.

Je suis digne de raillerie ;
On m'a fait une fourberie,
Mais si je la mets en oubly....
Non, non, les Imposteurs n'auront pas lieu de
rire.

Deux Sorcieres affreuses paroissent aux deux costez du Theatre, & presentent chacune un miroir à Forestan.

SILVANDRE.

Regarde, considere, admire.

FORESTAN.

Ah! je vais vous payer de m'avoir embelly.

Forestan s'avance vers une des Sorcieres, & la veut frapper de sa Massuë, mais la Sorciere évite le coup en s'envolant, le Satire ne frappe que l'air, & sa Massuë luy échappe des mains. Il court vers l'autre Sorciere, il l'attrape, mais dans le moment qu'il se jette sur Elle, & qu'il la tient, il ne luy demeure entre les mains qu'une figure de Sorciere qui luy fait la grimace, & luy presente un miroir, tandis qu'un petit Lutin qui estoit enfermé dedans s'envole en se mocquant du Satire.

SILVANDRE.

Qu'il est joli ! Hi, hi, hi, &c.

FORESTAN.

C'est un tour des Lutins errants dans ce Bocage
Dont il faut que je sois vengé.

SILVANDRE riant.

Hé, hé, hé, hé, hé, hé.

FORESTAN.

Tu ris quand je suis outragé ?

SILVANDRE riant.

Hé, hé, hé, hé, hé, hé.

FORESTAN.

Ne m'insulte point davantage ;
Va rire ailleurs ;
Je suis dans une rage
Qui pourroit bien tourner sur les méchants rail-
leurs.

SILVANDRE.

Amy, me veux-tu croire,
Ne songeons plus qu'à boire ;
Fuyons l'Amour, & le chagrin,
Suivons Bachus, courons au vin.

FORESTAN.

Au vin, au vin, au vin, au vin.

E ij

ENSEMBLE.

Fuyons l'Amour, & le chagrin,
Suivons Bachus, courons au vin.
Au vin, au vin, au vin, au vin.

SCENE CINQUIE'ME.

DAMON, SILVANDRE, FORESTAN.

DAMON.

MA Bergere a changé, je veux changer
comme Elle.

SILVANDRE.

Suy les loix de Bachus, tu t'en trouveras bien.

DAMON.

Heureux qui peut aymer une Beauté fidele!

FORESTAN.

Plus heureux qui peut n'aymer rien.

SILVANDRE.

Viens avec nous goûter la vie;
Quitte une volage Beauté
Comme elle t'a quitté:
Profite de sa perfidie,
Vien joüir de la liberté.

DAMON.

C'eſt pour ſervir Cloris que je quitte Climene,
Et mon cœur ſans aymer ne ſçauroit vivre un
   jour;
Qui s'engage une fois peut bien chãger de chaîne,
Mais il eſt mal-aisé d'échapper à l'Amour.

SILVANDRE.

Sous l'amoureux Empire
On n'eſt point ſans tourment;
Je te plains pauvre Amant,
Languy, gemy, ſoûpire;
Nous allons rire.

SILVANDRE ET FORESTAN.

Fuyons l'Amour, & le chagrin, &c.

✳❋✳❋✳❋✳❋✳❋✳❋✳❋✳❋✳❋✳❋✳❋✳❋✳❋✳❋✳❋✳❋

SCENE SIXIE'ME.

DAMON, CLIMENE.

DAMON.

MA volage s'avance.

CLIMENE.

Voicy mon infidele Amant.

DAMON, ET CLIMENE.

Vengeons-nous de ſon inconſtance.
O ! la douce vengeance
Qu'un heureux changement !

DAMON.

Quand je plaisois à tes yeux
J'estois content de ma vie,
Et ne voyois Roys ny Dieux
Dont le sort me fit envie.

CLIMENE.

Lors qu'à toute autre personne
Me preferoit ton ardeur,
J'aurois quitté la Couronne
Pour regner dessus ton cœur.

DAMON.

Une autre a guery mon ame,
Des feux que j'avois pour toy.

CLIMENE.

Une autre a vengé ma flame
Des foiblesses de ta foy.

DAMON.

Cloris qu'on vante si fort
M'ayme d'une ardeur fidele,
Si ses yeux vouloient ma mort
Je mourrois content pour elle.

CLIMENE.

Mirtil si digne d'envie,
Me cherit plus que le jour,
Et moy je perdrois la vie
Pour luy montrer mon amour.

DAMON.

Mais si d'une douce ardeur
Quelque renaissante trace
Chassoit Cloris de mon cœur
Pour te remettre en sa place?

CLIMENE.

Bien qu'avec pleine tendresse
Mirtil me puisse cherir,
Avec toy, je le confesse,
Je voudrois vivre & mourir.

DAMON, ET CLIMENE.

Ah plus que jamais aymons-nous,
Et vivons & mourons en des lieux si doux.

SCENE SEPTIE'ME.

TROUPE DE BERGERS ET DE BERGERES, DAMON. CLIMENE.

UNe Troupe de Bergers & de Bergeres qui voyent Damon & Climene racommodez en témoignent leur joye.

TROUPE DE BERGERS ET DE BERGERES.

Amants, que vos querelles
Sont aymables & belles;
Qu'on y void succeder
De plaisirs, de tendresse!

Querellez-vous sans cesse
Pour vous racommoder.

SCENE HUITIE'ME.

ARCAS, DAMON, CLIMENE, TROUPE
DE BERGERS ET DE BERGERES.

ARCAS.

V*Enez, que rien ne vous arreste,*
Ne perdez point d'heureux moments;
Venez, venez tous voir la Feste
Que l'on appreste
A l'honneur du Dieu des Amants;
Les plaisirs où l'Amour convie
Sont les plus charmants de la vie,
Il en faut joüir tant qu'on peut,
On ne les a pas quand on veut.

TOUS ENSEMBLE.
Les plaisirs où l'Amour convie, &c.

Les Bergers & les Bergeres vont ensemble au lieu
preparé pour la Feste de l'Amour.

Fin du second Acte.

ACTE III.

ACTE TROISIE'ME.

E Theatre se change, & repre-
sente une grande Allée d'arbres
d'une extréme hauteur, lesquels
mélent leurs branches les unes
avec les autres, & forment une maniere de
voûte de verdure, où plusieurs Pasteurs joüants
de differents Instruments se trouvent placez;
Un grand nombre de Bergers & de Bergeres
paroissent sous cette voûte qui commencent la
Feste de l'Amour, par des Chansons où les
Dances se mélent de temps en temps.

Le Thea-tre est une Allée d'ar-bres qui forment une voûte de verdu-re.

SCENE PREMIERE.

TROUPES DE PASTEURS, DE BERGERS ET BERGERES.

CALISTE.

I*Cy l'ombre des ormeaux
Donne un teint frais aux herbettes,*

F

Et les bords de ces Ruiſſeaux
Brillent de mille fleurettes
Qui ſe mirent dans les eaux.
Prenez, Bergers, vos Muſettes,
Ajuſtez vos Chalumeaux,
Et meſlons nos chanſonnettes
Aux chants des petits Oiſeaux.

CINQUIE'ME ENTRE'E,

QUATRE BERGERS, QUATRE BERGERES.

CLIMENE.

Le Zephire entre ces eaux
Fait mille courſes ſecrettes,
Et les Roſſignols nouveaux
De leurs douces amourettes
Parlent aux tendres rameaux.
Prenez, Bergers, vos Muſettes, &c.

Les Bergers & Bergeres continuënt de mé-
ler les Dances aux Chanſons.

CLORIS.

Ah! qu'il eſt doux belle Silvie
Ah! qu'il eſt doux de s'enflamer!

Il faut retrancher de la vie
Ce qu'on en passe sans aymer.
Ah ! qu'il est doux, &c.

SILVIE.

Ah ! les beaux jours qu'Amour nous donne
Lors que sa flame unit les Cœurs !
Est-il ny gloire ny Couronne
Qui vaille ses moindres douceurs ?
Ah ! les beaux jours , &c.

ARCAS.

Qu'avec peu de raison on se plaint d'un martyre
Que suivent de si doux plaisirs !

TIRCIS ET ARCAS.

Un moment de bonheur dans l'amoureux Empire
Repare dix ans de soûpirs.

TOUS ENSEMBLE.

Chantons tous de l'Amour le pouvoir adorable,
Chantons tous dans ces lieux
Ses attraits glorieux ;
Il est le plus aymable
Et le plus grand des Dieux.

LA Perspective s'ouvre, & laisse paroî-
tre dans le fond du Theatre une autre
maniere de voûte de Treille , sous laquelle

un Amphi-Theatre de Verdu-re.

une multitude de Suivans de Bacchus sont placez, les uns sur des Tonneaux, & les autres sur une espece d'Amphitheatre couvert de pampres de vigne, qui tous joüent de differents Instruments, tandis que plusieurs autres Satires, & Silvains s'avancent au milieu du Theatre pour interrompre la Feste de l'Amour, & pour en celebrer une plus solemnelle à la gloire de Bacchus.

SCENE DEUXIE'ME.

TROUPES DE SATIRES, DE BACCHANTES, ET DE SILVAINS, joüants de differents Instruments, chantantes, & dançants. TROUPES DE BERGERS ET DE BERGERES.

SILVANDRE.

A Rrestez, c'est trop entreprendre,
Un autre Dieu dont nous suivons les loix
S'oppose à cet honneur qu'à l'Amour ose rendre
Vos Musettes & vos voix;
A des titres si beaux Bacchus seul peut pretendre,
Et nous sommes icy pour défendre ses droits.

CHOEUR DE BACCHUS.

Nous suivons de Bacchus le pouvoir adorable
Nous suivons en tous lieux
Ses attraits precieux;

Il est le plus aimable
Et le plus grand des Dieux.

Les Suivans de Bacchus qui dancent font un combat contre les Danceurs du party de l'Amour, tandis que les Bergers & les Satires disputent en chantant en faveur du Dieu que chacun veut honorer.

SIXIE'ME ENTRE'E.

QUATRE SATIRES, QUATRE BACCHANTES.

AMINTE.

C'Est le Printemps qui rend l'ame
    A nos champs semez de fleurs;
Et c'est l'Amour & sa flame
Qui font revivre nos cœurs.

FORESTAN.

Le Soleil chasse les ombres,
    Dont le Ciel est obscurcy,
Et des ames les plus sombres
    Bacchus chasse le soucy.

CHOEUR DE BACCHUS.

Bacchus est reveré sur la Terre & sur l'Onde.

CHOEUR DE L'AMOUR.

Et l'Amour est un Dieu qu'ō revere en tous lieux.

CHOEUR DE BACCHUS.

Bacchus à son pouvoir a soûmis tout le Monde.

CHOEUR DE L'AMOUR.

Et l'Amour a dompté les Hommes & les Dieux.

CHOEUR DE BACCHUS.

Rien peut-il égaler sa douceur sans seconde?

CHOEVR DE L'AMOVR.

Rien peut-il égaler ses charmes precieux?

CHOEVR DE BACCHVS.

Fy de l'Amour & de ses feux.

LE PARTY DE L'AMOVR.

Ah! quel plaisir d'aymer!

LE PARTY DE BACCHVS.

Ah! quel plaisir de boire!

LE PARTY DE L'AMOVR.

A qui vit sans amour la vie est sans appas.

LE PARTY DE BACCHVS.

C'est mourir que de vivre & de ne boire pas.

LE PARTY DE L'AMOVR.

Aymables fers!

LE PARTY DE BACCHVS.

Douce Victoire!

LE PARTY DE L'AMOVR.

Ah! quel plaisir d'aymer!

LE PARTY DE BACCHVS.

Ah! quel plaisir de boire!

LES DEVX PARTIS ENSEMBLE.
Non , non , c'eſt un abus
Le plus grand Dieu de tous ,
LE PARTY DE L'AMOVR.
C'eſt l'Amour.
LE PARTY DE BACCHVS.
C'eſt Bacchus.

SCENE DERNIERE.

L E Berger Licaſte vient ſe jetter entre les deux Partis qui diſputent , & les met d'accord.

LICASTE.
C'eſt trop, c'eſt trop, Bergers , hé pourquoy ces
*   débats ?*
Souffrõs qu'en un Party la Raiſon nous aſſemble:
L'Amour a des douceurs , Bacchus a des appas,
Ce ſont deux Deïtez qui ſont fort bien enſemble,
*   Ne les ſeparons pas.*
LES DEVX CHOEVRS ENSEMBLE.
*   Meſlons donc leurs douceurs aymables,*
*   Meſlons nos voix dans ces lieux agreables,*
Et faiſons repeter aux Echos d'alentour,
Qu'il n'eſt rien de plus doux que Bacchus &
*   l'Amour.*

Tandis que les Voix & les Inſtruments des
deux Chœurs s'uniſſent , tous les Danceurs
des deux Partis forment enſemble la derniere Entrée, & terminent agreablement les Fêtes de l'Amour & de Bacchus.

DERNIERE ENTRE'E.

QUATRE BERGERS, QUATRE BERGERES, QUATRE SATIRES, ET QUATRE BACCHANTES.

Fin du troiſiéme & dernier Acte.

Imprimé aux dépens de l'Academie Royale de Muſique,
par François Muguet Imprimeur du Roy.